AF331231

COLONNE

DE

L'EMPIRE FRANÇAIS.

COLONNE
DE L'EMPIRE FRANÇAIS,

OU

PROJET

DE COLONNE TRIOMPHALE
A LA GLOIRE

DE NAPOLÉON LE GRAND,

RESTAURATEUR DE LA MONARCHIE,

SOUS LE NOM D'EMPIRE FRANÇAIS;

Par M. DAVY-CHAVIGNÉ,

Ci-devant Auditeur des comptes, membre de l'Athénée des Arts, et de la Société libre des Sciences, Lettres et Arts de Paris.

On le peut, je l'essaie, un plus savant le fasse !
La Fontaine.

PARIS,

DE L'IMPRIMERIE DE H. L. PERRONNEAU,
QUAI DES AUGUSTINS, N°. 39.

M. DCCC. VI.

COLONNE

DE L'EMPIRE FRANCAIS,

OU

PROJET

DE COLONNE TRIOMPHALE,

A LA GLOIRE

DE NAPOLÉON LE GRAND.

Le Sénat conservateur a décrété l'érection d'une colonne triomphale à la gloire de Napoléon le Grand, au nom de la nation française. Il n'a point encore décrété quelle seroit la place de ce monument, ni le programme de sa composition ; c'est sur ces deux objets que je me propose aujourd'hui de soumettre quelques idées aux membres de l'Athénée des arts, en leur présentant les plans, coupes et élévations de deux colonnes triomphales de ma composition, la première projetée en mémoire de la paix glorieuse qui avoit terminé la guerre entreprise pour assurer la liberté du commerce et des mers, et l'indépendance des Etats-Unis de l'Amérique; la seconde, publiée par la gravure en 1789, en mémoire de l'établissement de la constitution française.

Le mérite principal d'une colonne triomphale est dû plutôt aux talens des sculpteurs chargés de l'exécution des

statues, des bas-reliefs et des ornemens qui la décorent,
qu'à la composition de l'architecte, qui a peu de moyens
de déployer dans une colonne isolée, les talens qui carac-
térisent plus particulièrement son art, quoiqu'il puisse y
faire admirer son goût dans le choix des ornemens, la pu-
reté des profils et l'harmonie des proportions des diverses
parties qui la composent.

Une colonne triomphale est essentiellement un monument de sculpture. C'est pourquoi il seroit à desirer qu'elle
fût toujours l'ouvrage d'un sculpteur qui, comme Michel-
Ange et le Bernin, sauroit réunir à un degré éminent les
talens du sculpteur et ceux de l'architecte. Il faudroit du
moins que les architectes eussent le soin de disposer les masses
de ces sortes de monument, de manière à permettre aux
sculpteurs d'y déployer leurs talens dans de grandes compositions de bas-reliefs ou de groupes de figures, dont la
proportion seroit déterminée par l'ensemble du monument et
par la grandeur de la place pour laquelle il seroit destiné.

C'est ce que je me suis proposé de faire dans la composition des colonnes triomphales que j'ai l'honneur de
mettre sous vos yeux, et principalement de celle qui étoit
destinée conformément au vœu manifesté dans les assem-
blées électorales de la ville de Paris, à consacrer la mémoire de l'établissement de la constitution française.

Ce monument étoit projeté sur l'emplacement de la Bastille, au point de réunion de l'alignement de la rue St.-
Antoine avec celui de la rue projetée le long des fossés
de l'Arsenal qui devoit aboutir au pont généralement de-
siré alors, pour établir auprès du Jardin des plantes la com-
munication entre le faubourg St.-Antoine et le faubourg
St.-Marceau.

La Bastille n'est plus ; ce pont vient d'être achevé ; il
est honoré du nom d'Austerlitz , en mémoire de la victoire

qui a fixé d'une manière si glorieuse les destinées de l'Empire français, en détruisant la coalition des principales puissances de l'Europe conjurées contre lui. Sa Majesté a décrété que les places qui doivent être formées à chacune des extrémités de ce pont, la prolongation du boulevard, les quais et les rues qui y aboutissent, porteroient les noms, et consacreroient à la reconnoissance nationale la mémoire des généraux français morts au champ de l'honneur pendant la campagne d'Austerlitz. Quel emplacement pourroit-on choisir qui fût plus convenable pour l'érection du monument destiné à constater la reconnoissance de la nation française pour le vainqueur d'Austerlitz, que celui dont les environs sont déja consacrés par lui-même aux souvenirs de ce grand événement ? Il occuperoit le centre d'un bassin circulaire qui est disposé dans tous les nouveaux plans de Paris en avant de la garre qui sera formée dans les fossés de l'Arsenal, au moyen de la dérivation des eaux du canal de l'Ourcq qui doivent se réunir en cette partie à la rivière de Seine ; opération de la plus grande importance, et qui doit être considérée comme un des plus grands bienfaits de sa Majesté pour la ville de Paris.

Le choix de cet emplacement auroit l'avantage de donner une valeur considérable aux terreins disponibles de la Bastille, de l'Arsenal et des Célestins, pour en former un quartier nouveau qui, sous le nom d'*Austerlitz*, seroit particulièrement destiné aux commerçans qui ont le plus besoin, pour leurs affaires, du voisinage de la rivière et de celui de la garre ; ce qui rendroit un service essentiel au commerce de navigation de la ville de Paris.

Je prie les membres de l'Athénée d'observer que ce n'est que comme programme de monument que je me permets de leur présenter ce projet. Il étoit destiné à célébrer l'établissement de la constitution française ; c'est pourquoi ses dispositions pourroient être conservées les mêmes dans un monument qui, sous le nom de *colonne de l'Empire français*, seroit destiné à consacrer la mémoire des actions de Napoléon le Grand, qui ont préparé et affermi le rétablissement de *la monarchie* sous le nom d'*Empire français*.

Il consiste dans une colonne d'ordre dorique de la même proportion que la colonne Trajane, qui seroit élevée sur une masse de rochers placée au centre d'un bassin circulaire divisé en quatre parties égales par des chaussées destinées à conduire dans l'intérieur du monument, et terminées par des groupes de figures dont les piédestaux serviroient de guérites pour les sentinelles qui en garderoient les entrées.

La statue colossale de l'Empereur occuperoit le sommet de la colonne, avec cette inscription:

A NAPOLÉON LE GRAND
LA PATRIE RECONNOISSANTE.

Le fût de la colonne est divisé en neuf parties : cinq sont cannelées ; les quatre autres sont ornées de bas-reliefs circulaires représentant les principales actions qui ont préparé et affermi le rétablissement de la monarchie française, savoir :

1º. La révolution du 18 brumaire qui a délivré la nation de la tyrannie des factions qui l'asservissoient tour-à-tour, en se disputant le pouvoir qu'elles ne savoient pas conserver.

2º- Le rétablissement de la religion catholique en France par le Concordat formé par le premier Consul, au nom de la nation française, et le Pape Pie VII.

3º. Le sacre de sa Majesté Napoléon Iᵉʳ., dans l'église de Notre - Dame de Paris, par le souverain pontife Pie VII.

4°. La Victoire d'Austerlitz.

Les cannelures de la colonne sont décorées alternative-ment de couronnes de laurier liées entre elles , en mé-moire des victoires des armées françaises pendant la guerre de trois mois. Des jours pratiqués dans le milieu des cou-ronnes serviroient à éclairer l'escalier placé au centre de ce monument.

Les statues assises de la France , de la Justice ou de la Loi personnifiée , de la Concorde et de la Victoire , seroient placées aux quatre côtés du socle sur lequel la co-lonne est élevée , et serviroient à désigner que c'est l'amour de la patrie, l'union des citoyens, leur soumission aux loix , et leur bravoure , qui doivent être les plus fermes soutiens de l'Empire français.

La France y seroit désignée par l'aigle , la couronne fermée, et le manteau impérial. Elle auroit la main droite appuyée sur les constitutions de l'Empire , qui doivent , après tant de révolutions , assurer enfin son repos et son bonheur.

Vous jugerez, Messieurs , s'il ne seroit pas convenable que l'inscription qui seroit mise au bas de cette statue, fût faite au nom de l'Empereur lui-même, ce qui auroit l'avantage de désigner l'union intime qui doit à jamais régner entre le monarque et la nation , et de consacrer dans un même monument la reconnoissance de la nation pour Napoléon le Grand , et l'amour de ce héros pour la nation française à qui ses victoires et ses conquêtes ont assuré le titre de *grande nation.*

Cette inscription pourroit être ainsi conçue :

A LA PATRIE ,
A LA GRANDE NATION ,
NAPOLÉON Ier., EMPEREUR DES FRANÇAIS.

Je crois d'autant plus important que la statue de la France fasse partie du monument qui seroit destiné à consacrer la mémoire du rétablissement de la monarchie française , que l'amour de la patrie et celui du monarque doivent être à jamais inséparables dans le cœur d'un vrai Français. Il doit aimer son prince , non comme un maître , mais comme un tendre père chargé de veiller à son bonheur , et comme le représentant perpétuel et héréditaire de sa patrie.

La Justice ou la Loi personnifiée montreroit avec complaisance le nouveau code Napoléon et les codes criminel et du commerce, qui doivent en être le complément.

La base porteroit cette inscription :

A LA LOI,

**LES AUTORITES CONSTITUÉES DE L'EMPIRE
SES FIDÈLES MINISTRES.**

La Concorde seroit désignée par ses attributs ordinaires , et particulièrement par le concordat passé entre le premier Consul et le souverain pontife Pie VII, et par la loi sur la liberté des cultes.

On liroit au bas :

A LA CONCORDE,

**L'UNIVERSALITÉ DES CITOYENS
DE L'EMPIRE FRANÇAIS.**

La Victoire auroit pour attributs particuliers les trophées de Marengo et d'Austerlitz , avec cette inscription :

A LA VICTOIRE ,

LES ARMÉES FRANÇAISES.

Les principaux départemens de l'Empire français, sous

les figures des fleuves et des rivières dont ils portent le nom, seroient groupés au bas des piédestaux de chacune de ces statues, à l'imitation de ceux de la fontaine de Grenelle, de Bouchardon, ce qui permettroit à quatre de nos plus célèbres statuaires de rivaliser entre eux par des groupes de figures d'une même proportion, mais d'un caractère différent, à raison de la statue principale et de celles des départemens qu'ils seroient chargés de représenter. Ces derniers seroient caractérisés par les différentes productions et par les attributs du commerce principal qui les distinguent.

Ces figures, ainsi que celles des principales villes de l'Empire qui seroient groupées sur les piédestaux situés à l'extrémité des chaussées qui conduisent dans l'intérieur du rocher, serviroient à désigner l'accord de la nation entière pour décerner un monument de sa reconnoissance au héros qui, après l'avoir délivrée de la tyrannie des factions, l'a placée, par la sagesse de ses loix et par l'éclat de ses victoires, au premier rang qu'elle occupe parmi les nations de l'univers.

Tel est, Messieurs, le programme de monument que je me permets d'indiquer aux artistes de l'Athénée des arts qui voudroient essayer leurs talens dans la composition d'une colonne triomphale à la gloire de Sa Majesté. Je voudrois pouvoir enflammer leur génie, et les engager à réunir dans un même monument la richesse des colonnes Trajane et Antonine, aux beaux effets des eaux de la fontaine de Trévi, et de celle du Bernin dans la place de Navone à Rome, afin que le monument de la reconnoissance de la nation française pour Napoléon le Grand, en mémoire du rétablissement de la religion et de la monarchie, puisse surpasser en magnificence tous les monumens de ce genre connus jusqu'à ce jour.

Quelle que puisse être cette magnificence, nous n'aurons rien à envier pour son exécution aux beaux siècles d'Athènes et de Rome, ni à celui de Louis XIV. Les talens distingués de MM. Houdon, Pajou, Moitte, Roland, Gois père et fils, Dejoux, Lecomte, Bridan, Chaudet, et de tant d'autres statuaires du mérite le plus éminent, doivent nous donner l'assurance de l'exécution la plus parfaite.

La hauteur de ce monument, quoique considérable, ne seroit point gigantesque ; elle tiendroit le milieu entre celle de la colonne Trajane, qui a cent quarante-quatre pieds, y compris la statue qui la couronne, et la hauteur du monument de Londres, du fameux Wren, qui a deux cents pieds.

La statue colossale de l'Empereur auroit dix-huit à vingt pieds de hauteur. La proportion des figures assises et de celles des groupes seroit de douze pieds ou environ. Les figures des bas-reliefs seroient de grandeur naturelle. Ces bas-reliefs auroient au moins six pieds de hauteur, sur plus de quarante pieds de développement, ce qui permettroit aux sculpteurs de donner un libre essor à leur génie dans leurs compositions.

Le programme de colonne triomphale que j'ai l'honneur de vous soumettre, seroit également admissible, si on se décidoit à donner la préférence à la place Vendôme, et même à la place de la Concorde sur celle de la Bastille, pour l'érection de ce monument. Les effets pittoresques des groupes de figures, des cascades et des nappes d'eau, disposées sur la circonférence du rocher qui lui sert de base, lui feroient pardonner l'inconvénient d'intercepter la beauté du point de vue des Champs-Elysées, qui est un des principaux agrémens du jardin des Tuileries.

C'est au Sénat conservateur qu'appartient le droit d'adopter le projet de colonne triomphale qui lui paroîtra

le plus convenable pour célébrer dignement la reconnoissance de la nation française pour Sa Majesté ; c'est à lui
d'ordonner le programme de sa composition , le choix de
son emplacement, et celui des artistes qui seront employés
à son exécution.

Lorsque ce choix sera fait , et que les proportions des
diverses parties de ce monument seront fixées , je désirerois
que les modèles de la composition de chaque groupe de
figures et de chaque bas-relief ne pussent être admis dé-
finitivement qu'après les changemens et les corrections qui
auroient été indiqués sur chacun d'eux , à la pluralité
des voix, par les artistes chargés de leur exécution , et
intéressés solidairement à donner aux diverses parties de
ce monument toute la perfection dont elles seront sus-
ceptibles.

L'exécution de la statue colossale de l'Empereur seroit
la récompense de celui de ces artistes , qui, au jugement
de ses collègues , auroit composé le plus beau des groupes
de figures destinés à décorer la base de ce monument.

C'est ainsi que le monument de la reconnoissance nationale seroit celui de l'émulation de nos statuaires les plus
célèbres , et de la perfection à laquelle la sculpture seroit
parvenue en France à cette époque.

Pour que le pont d'Austerlitz pût répondre à tant de
magnificence , si ce monument étoit érigé sur l'emplacement
de la Bastille , il seroit convenable qu'il fût décoré exté-
rieurement de bas-reliefs et de trophées formés du bronze
des canons pris sur les ennemis pendant la dernière campagne ; ce qui auroit l'avantage de masquer la charpente
en fer qui le compose, et d'en former un monument des
arts digne d'être consacré à la gloire des armées françaises.

POST-SCRIPTUM.

Je crois devoir observer ici, que ne cultivant les arts que par amusement et sans prétention, je n'ai jamais eu celle de rivaliser avec les artistes, et d'espérer voir exécuter aucun des projets de monumens publics de ma composition.

Je ne me suis permis de faire hommage à Sa Sainteté, le souverain pontife Pie VII, de mon projet de restauration de l'église de la Madelaine, pour en former un monument en mémoire du rétablissement de la religion catholique en France par le Concordat, que parce que ce projet étoit l'accomplissement d'une espèce de vœu religieux formé, en 1794, dans la maison d'arrêt où j'attendois la mort à laquelle j'étois dévoué comme ci-devant noble et magistrat.

Je m'étois promis, si j'avois le bonheur de survivre à la révolution, et de voir rétablir l'ordre et la concorde dans ma patrie, de ne rien négliger pour engager les artistes à s'occuper de projets de restauration de cette église pour en former un monument digne de célébrer cet heureux événement.

J'ai profité de l'occasion du rétablissement de la religion catholique en France par le Concordat, pour présenter à la Société libre des sciences, lettres et arts, le 9 floréal an 10, les plans, coupe et élévation du projet que j'avois fait. Je les ai présentés depuis à l'Athénée des arts, et je les ai fait insérer dans le quatrième volume des Annales du Musée, publiées par M. Landon.

Je les ai aussi adressés aux plus célèbres architectes. Mon but étoit de leur prouver, que même en conservant les murs extérieurs et le péristyle de cette église, il leur étoit possible d'en former un monument qui réuniroit la principale beauté des temples anciens , ces superbes portiques de colonnes qui environnoient leurs temples diptères et périptères (1) , avec la magnificence des dômes de nos églises modernes, et de le disposer particulièrement pour servir à la célébration des cérémonies publiques auxquelles assisteroient les autorités constituées de l'état en présence d'un peuple immense.

M. Vaudoyer, architecte des monumens publics, a eu l'honneur de faire hommage également à Sa Sainteté des plans , coupe et élévation d'un projet de restauration de l'église de la Madelaine pour être consacrée, sous l'invocation de St. Pie et de St. Napoléon, en mémoire du sacre de Sa Majesté Napoléon Ier. , Empereur des Français, par le pape Pie VII, à Paris.

Plusieurs architectes du mérite le plus distingué se sont occupés de pareils projets ; et l'on peut assurer que le vœu général des habitans de Paris, et même des Français, étoit que cette église fût consacrée, sous l'invocation de St. Napoléon, en actions de graces du rétablissement de la religion catholique en France , et de la monarchie, lorsque Sa Majesté a décrété qu'on en formeroit un monument particulièrement destiné à la banque de France, à la bourse et à un tribunal de commerce. Mais il est possible de concilier les vues bienfaisantes de Sa Majesté pour le commerce de Paris et le vœu général des Français, en conservant à ce monument sa destination religieuse en face de la place de la Concorde, et en construisant à côté, en face du boulevard, le monument destiné à la banque de France et

____

(1) *Périptère,* temple environné en totalité d'un rang de colonnes.
Diptère, temple environné de deux rangs de colonnes.

au tribunal de commerce. Ces deux monumens, loin de
nuire l'un l'autre, ajouteroient un nouvel intérêt et d
neroient beaucoup plus de valeur à ce quartier. On
gémiroit plus de voir rendre inutile, par une nouvelle d
tination, la dépense de plus de deux millions qui ont d
été employés aux constructions de l'église de la Madelai

Le vœu que je me fais un devoir de manifester à
égard sous le règne de Napoléon le Grand, est l'acco
blissement entier de celui que j'ai formé en 1794, dans
maison d'arrêt sous la tyrannie de Robespierre.